MÜNSTERSCHWARZACHER KLEINSCHRIFTEN

herausgegeben
von Mönchen der Abtei Münsterschwarzach

Band 3

Fidelis Ruppert OSB / Anselm Grün OSB

Christus im Bruder
nach der Regel Sankt Benedikts

VIER-TÜRME-VERLAG MÜNSTERSCHWARZACH
1979

Fidelis Ruppert OSB / Anselm Grün OSB

Christus im Bruder

nach der Regel Sankt Benedikts

VIER-TÜRME-VERLAG MÜNSTERSCHWARZACH
1979

CIP-Kurztitelaufnahme der Deutschen Bibliothek

Ruppert, Fidelis:

Christus im Bruder nach der Regel Sankt Benedikts / Fidelis Ruppert; Anselm Grün. – Münsterschwarzach: Vier-Türme-Verlag, 1979.

(Münsterschwarzacher Kleinschriften; Bd. 3)

ISBN 3-87868-109-7

NE: Grün, Anselm:

Gesamtherstellung: Vier-Türme-Verlag, D-8711 Münsterschwarzach

ISSN 0171-6360
ISBN 3-87868-109-7

Inhalt

EINLEITUNG

Mitmenschlichkeit ist seit Jahren ein Schlagwort in der Kirche. Man versteht sie als die horizontale Beziehung der Menschen untereinander und stellt sie häufig in Gegensatz zur vertikalen Beziehung des Menschen zu Gott. Dabei wird oft der Eindruck erweckt, als ob die Christen früherer Zeiten ihr Christsein vor allem in der reinen Gottbeziehung gesehen hätten, während man nun in unsren Tagen endlich erkannt habe, daß wir Christus im Mitmenschen entdecken und ihm dort dienen müssen.

Ein Blick in die Regel St. Benedikts zeigt, daß der Mönchsvater schon vor fast anderthalb Jahrtausenden die Beziehung zwischen Mitmenschlichkeit und Gottesliebe klar gesehen hat. Benedikt lehrt seine Mönche, wie sie im Mitmenschen Christus entdecken und ihm dienen sollen. Dabei ist Benedikt nie – im Gegensatz zu vielen neueren Versuchen – in Gefahr, christliches Glaubensleben auf reine Mitmenschlichkeit zu verkürzen, sondern verbindet die selbstlose Hingabe an den Mitmenschen mit einer tiefen Religiosität und Christusbeziehung.

I. CHRISTUS IM BRUDER HÖREN

1. Die Lehre St. Benedikts

Fragt man nach den Texten, in denen Benedikt davon spricht, daß man im Menschen Christus begegnet, so drängen sich zunächst jene bekannten Stellen auf, in denen er vom Abt als Stellvertreter Christi spricht. So heißt es im Kapitel 2: „Der Glaube sieht in ihm den Stellvertreter Christi im Kloster." Und im Kapitel 63 führt er weiter aus: „Der Abt aber werde ‚Herr' und ‚Abt' genannt, weil der Glaube in ihm den Stellvertreter Christi sieht; das maßt er sich nicht selber an, vielmehr ehrt und liebt man in ihm Christus." Im Kapitel 5 zitiert er im Zusammenhang mit dem Gehorsam gegenüber dem Abt gleich zweimal das Wort Jesu aus Lk 10,16: „Wer euch hört, hört mich." Es soll hier nun nicht näher untersucht werden, ob und inwieweit diese Worte im Bereich von Autorität und Gehorsam wörtlich anwendbar sind. Wichtig ist für unsren Zusammenhang jetzt nur, daß der Mönch in seinem Abt verbindlich an Christus gerät und Christus durch den Abt zu ihm sprechen kann.

In diesem Zusammenhang ist noch eine andere Stelle aus der Benediktsregel beachtenswert. Im 3. Kapitel spricht Benedikt vom Rat der Brüder. Wenn etwas Wichtigeres zu beraten ist, sollen alle Brüder zusammengerufen werden und gemeinsam über die Sache beraten. Benedikt begründet dieses Zusammenrufen aller Brüder folgendermaßen: „Daß alle zur Beratung gerufen werden, bestimmen wir deshalb, weil der Herr oft einem Jüngeren offenbart, was besser ist." Die endgültige Entscheidung wird aber nicht in einer demokratischen Abstimmung gefällt, sondern der Abt bestimmt, was nun zu geschehen hat. Die Brüder haben nur eine beratende Stimme. Benedikt setzt aber voraus, daß der Abt sehr sorgfältig auf die Meinung aller hört und daß es sogar oft vorkommen kann, daß der Abt in der Meinung eines Jüngeren erkennt, was am ehesten dem Willen Gottes entspricht und für die Gemeinschaft das Bessere ist. Aus jedem Bruder kann Gott sprechen, jeder kann zum Sprachrohr des Willens Gottes werden. Der Abt braucht also ein feines Gespür, um in seinen Brüdern die Stimme Christi unterscheiden zu können.

Eine ähnliche Haltung soll der Abt auch Gästen gegenüber einnehmen. Offensichtlich kam es oft vor, daß fremde Mönche im Kloster zu Gast waren. Benedikt widmet dieser Frage das ganze Kapitel 61 seiner Regel. Wenn solche Mönche unzufrieden sind und sich nicht in den Rahmen des Klosters einfügen können, soll man sie bald wieder fortschicken. Sind sie aber umgänglich und mit dem zufrieden, was sie vorfinden, soll man sie aufnehmen, solange sie wollen. Nun kann es natürlich sein, daß so ein fremder Mönch einen guten Blick auch für die Schwächen und Fehler dieser Kommunität hat und daß er Dinge entdeckt, die dieser Gemeinschaft gar nicht so bewußt sind. Es kann sein, daß er diese negativen Beobachtungen auch ausspricht. Wie soll man sich da verhalten? Lassen wir Benedikt selber sprechen: „Sollte er aber verständig, demütig und liebevoll etwas rügen oder auf etwas aufmerksam machen, so überlege der Abt klug, ob ihn der Herr nicht etwa gerade deshalb geschickt habe.“ Auch aus der Kritik eines fremden Mönches kann der Herr sprechen. Es kann sein, daß der Herr sogar eigens solch einen Menschen schickt, um der Gemeinschaft eine Botschaft zu überbringen. Es kann so sein, es muß aber nicht so sein. Deshalb sagt Benedikt auch, es bedürfe der Klugheit des Abtes herauszufinden, ob in diesem Menschen Christus spricht oder nicht. Auch braucht es ein gutes Gespür, um Christus in diesem Menschen entdecken zu können.

Wenn man nun die genannten Stellen bedenkt, daß nämlich Christus sowohl im Abt, wie in einem der Jüngsten oder gar in einem Fremden sprechen kann, so kann man daraus folgern, daß für Benedikt jeder Mensch ein Bote Christi sein kann, daß durch jeden Menschen Christus zu mir sprechen und mit seinem Anspruch vor mich hintreten kann. Die Schwierigkeit besteht nun allerdings darin, daß das nie von vornherein klar und eindeutig ist, ob und inwieweit Christus aus diesem oder jenem Menschen zu mir spricht. Es bedarf dazu eines guten Gespürs und der Fähigkeit zu kluger Unterscheidung. Wo gibt es nun Wege, das zu lernen und auf diesem Wege Fortschritte zu machen? Dazu sollen nun einige Hinweise gegeben werden, und zwar anhand von Erfahrungen aus dem alten Mönchtum und aus neuerer Zeit.

2. Konkrete Wege in die Praxis

a) Die gemeinsame Beratung

Auf einer Konferenz von Ordensoberen wurden den Teilnehmern Grundsätze vorgelegt, die sie bei den Beratungen beachten sollten. Es hieß da:

„Vergessen Sie bei der Konferenz zwei große Grundsätze nicht: 1. Grundsatz: Du sollst den, der zu dir spricht, mit deinem ganzen Herzen, mit deinem ganzen Wesen, mit deiner ganzen Seele und mit allen deinen Kräften, mit deinem ganzen Geist anhören. 2. Grundsatz: Wenn du dann deinerseits sprichst, sollst du mit deiner ganzen Seele, mit deinem ganzen

Herzen, mit deinem ganzen Wesen und deinem ganzen Geist sprechen.“[1]

Diese Formulierung erinnert stark an die Formulierung des Liebesgebotes in Dt 6,5 bzw. Mt 22,37: „Du sollst den Herrn, deinen Gott, lieben aus deinem ganzen Herzen, aus deiner ganzen Seele und aus allen deinen Kräften.“ Mit ganzem und ungeteiltem Herzen zuhören, das bedeutet soviel wie zuhören mit Wohlwollen und Liebe. Wer aber mit Liebe und Wohlwollen zuhört, der ist offen für den anderen. Er läßt seine eigenen Urteile und Vorurteile beiseite und versucht, mit dem Herzen zuzuhören. Martin Buber sagte einmal von einem Freund: „Was er hörte, das hörte er nicht nur mit den Ohren. Seine Ohren waren direkt mit seinem Herzen verbunden.“ Nur wer mit solch innerem Wohlwollen zuhört, kann verstehen, was der andere wirklich meint und was in seinem Herzen wirklich vorgeht.

In der modernen Gruppenpsychologie gibt es eine Gesprächsregel, die von vielen Menschen nur schwer verstanden wird. Sie lautet etwa so: „Höre dem, der zu dir spricht, mit ungeteilter Aufmerksamkeit zu und denke, während er spricht, nicht schon an deine Antwort.“ Viele Menschen widersprechen dieser Regel und sagen, man müsse doch rechtzeitig seine Antwort überlegen, damit man gleich antworten könne, wenn der andere mit dem Reden aufhört. Tatsache ist aber, daß gerade hier der Punkt liegt, weshalb man sich oft so schwer verständigen kann. Man hört nur einen Teil der Worte des anderen, es gibt Mißverständnisse und man redet aneinander vorbei. Wo dagegen der Sprechende merkt, daß der andere ihm ungeteilt zuhört, fühlt er sich ernstgenommen und dadurch entsteht eine Atmosphäre des Vertrauens, ohne die kein fruchtbares Gespräch zustandekommen kann.

Was hier aus der Erfahrung der Gruppenpsychologie gefolgert wird, ist genau das, was sich auf der Ebene des Glaubens nahelegt, wenn man die Worte Benedikts ernstnimmt. Wer nämlich ehrlich damit rechnet, daß in jedem Menschen Christus auf ihn zukommen und mit seinem Anspruch vor ihn hintreten kann, der wird mit aller Aufmerksamkeit zuhören. Er wird sich nicht von vornherein gegen die Worte des anderen sperren oder sie nur mit der Brille seiner Vorurteile betrachten. Er wird die Worte des anderen an sich heranlassen, auch wenn sie ihm unangenehm sind oder ihn verletzen. Wer sich um die Liebe bemüht, wird bereit sein, sich verletzen zu lassen und den anderen als Last mitzutragen.

Bei einer solchen von Wohlwollen und Liebe geprägten Einstellung wird dann auch noch der zweite der oben erwähnten Grundsätze möglich sein, nämlich auch selber mit Liebe zu reden. Bei sympathischen Menschen ist das wohl nicht schwer. Eine besondere Herausforderung ist es aber bei Menschen, die uns grob und lieblos entgegen kommen, bei solchen, die uns verletzen oder unsre eigenen Absichten durchkreuzen. Mit Liebe sprechen bedeutet dann, ohne Aggression reden, sich nicht rächen wollen, den anderen nicht treffen und verletzen wollen, auch nicht taktierend und mit Hintergedanken reden. Oder auf dem Hintergrund der Worte Benedikts könnte man auch sagen: Man soll so sprechen, daß man selber in diesem Augenblick Sprachrohr der Botschaft und der Liebe Christi an die Brüder sein könnte. So reden, daß der andere uns gegebenenfalls als einen erfahren könnte, den der Herr zu ihm geschickt hat, um ihm etwas zu sagen. Das braucht nicht nur eine erfreuliche Botschaft zu sein. Es kann auch Kritik und Tadel sein, so wie auch Benedikt bereit ist, von einem fremden Mönch eine Kritik anzunehmen, so als hätte Christus ihn geschickt. Natürlich wird der Abt – und jeder andere, dem so etwas gesagt werden muß – diese Kritik umso leichter annehmen können, wenn jene Haltung spürbar ist, die Benedikt dem Gastmönch nahelegt, daß er nämlich nicht in der stolzen Rolle des Besserwissers und Weltverbesserers kommt, sondern seine Kritik „verständig, demütig und liebevoll" vorbringt. Wo „die Wahrheit in Liebe" (Eph 4,15) gesagt wird, da fällt es auch leichter, dahinter die Liebe Christi zu entdecken. Wo man versucht, in Liebe zu sprechen und in Liebe zuzuhören, dort besteht auch am ehesten die Möglichkeit, daß man nicht auf rein menschliches Denken und Taktieren hereinfällt, sondern leichter die Spuren des Willens Gottes entdecken kann.

Aus dieser Grundhaltung heraus sind auch jene Ausführungen in der „Regel von Taizé" zu verstehen, die ihr Kapitel über den Bruderrat in Anlehnung an die Benediktsregel formuliert hat. Es heißt dort u. a.:

„Ziel des Bruderrates ist es, so klar wie möglich den Willen Christi für den Weg der Gemeinschaft zu erkennen. Der erste Schritt ist daher, in sich Stille zu schaffen, damit man bereit wird, auf seinen Herrn zu hören.

Nichts schadet einem objektiven Urteil mehr, als die Bande besonderer persönlicher Beziehungen; durch sie laufen wir Gefahr, daß wir einem bestimmten Bruder zustimmen in der Hoffnung – vielleicht unbewußt –, dafür bei Gelegenheit seine Unterstützung zu gewinnen. Nichts ist dem rechten Geist der Beratung mehr zuwider als ein Trachten, das nicht geläutert ist durch den einzigen Wunsch, den Plan Gottes zu erkennen.

Wenn es irgendwann gilt, Frieden zu suchen und ihm nachzujagen, Streit zu vermeiden und die Versuchung, recht haben zu wollen – dann sicher im Bruderrat.

Meide den Ton, der keinen Widerspruch duldet, das kategorische „man muß". Trage nicht viele gute Argumente zusammen, um dir Gehör zu verschaffen; leg in wenigen Worten dar, was dir am ehesten dem Plan Gottes zu entsprechen scheint, ohne dir einzubilden, daß du es erzwingen könntest."[2]

Dieser Text stellt eine hohe Anforderung an die Beteiligten. Es wird gefordert, daß der Einzelne nicht seine eigenen Wünsche und Meinungen in der gemeinsamen Beratung durchzusetzen sucht, sondern daß er sich ausschließlich darum bemüht, seinen Beitrag zu leisten, damit die Gemeinschaft besser den Willen Gottes erkennt. Deshalb soll jede Form ichbezogenen Verhaltens vermieden werden: Kein diplomatisches Taktieren, um die Sympathie oder die Stimme anderer zu erwerben, kein hartnäckiges Streiten und Recht-haben-Wollen, kein unnötiges Aufhäufen von vielen Argumenten, um die anderen unter Druck zu setzen. Es wäre aber auch verkehrt, einfach zu schweigen. Jeder soll sich ruhig und offen äußern; jeder soll darlegen, was ihm der Wille Gottes zu sein scheint. Er soll aber auch wissen, daß er nichts erzwingen kann und darf, weil es nicht um seinen Willen, sondern um den Willen Gottes geht.

Solche Anweisungen mögen unrealistisch erscheinen, weil sie mit der Erfahrung vieler Menschen einfach nicht übereinstimmen. Solch ein Text kann aber auch nachdenklich stimmen, wenn einem aufgeht, wie wenig man bei gemeinsamen Beratungen nach dem Willen Gottes fragt, sondern seine eigene – vielleicht wohl begründete – Meinung durchzusetzen sucht, seine eigene Einsicht für unfehlbar hält oder nur seinen eigenen Vorteil oder seinen Einfluß zu sichern sucht. In dem Text aus der Regel von Taizé wird ernstgemacht mit der Erfahrung, daß der Wille Gottes nicht immer auf meiner Seite sein muß, sondern daß er sich in jedem andern genauso gut äußern kann: im Oberen, im Jüngsten, in irgendeinem Fremden oder in einem, dem man es zunächst überhaupt nicht zutraut. Die Erkenntnis des Willens Gottes ist dann nur möglich im gemeinsamen Hören, wenn die egoistischen Bestrebungen zum Schweigen gekommen sind und man bereit geworden ist, in Liebe und Wohlwollen auf die Stimme des Herzens und auf jeden Bruder zu hören. Wer so die eigenen egoistischen Stimmen in sich zum Schweigen gebracht hat, in dem wird sich die Fähigkeit entfalten, die Stimme seines Herrn zu erkennen und von anderen zu unterscheiden.

Mit dieser Erfahrung verwandt ist jene andere, wo man versucht, unter Gebet zu gemeinsamen Entscheidungen zu kommen.[3] Die Gemeinschaft versammelt sich, jeder Einzelne nimmt das anstehende Problem in sein stilles Gebet hinein und versucht, sich vor dem Antlitz Gottes klar zu werden, was in dieser Frage wohl der Wille Gottes ist. Nach einiger Zeit sagt einer nach dem anderen, was ihm in dieser Sache vor Gott das Beste zu sein scheint. Alle hören aufmerksam zu, keiner nimmt zu dem Gesagten Stellung und es entsteht kein Gespräch. Wenn alle gesprochen haben, geht jeder mit all dem Gehörten in stilles Gebet vor Gott und sucht zu verstehen, was wohl am ehesten dem Willen Gottes entspricht. Dieser Vorgang kann sich dann noch mehrmals wiederholen.

Hier wird also der Versuch gemacht, das Hören auf den anderen mit dem Hören auf Gott zu verbinden. Es setzt auch einen tiefen Glaubens- und Gebetsgeist voraus, der davon überzeugt ist, daß im selbstlosen Hören auf den Nächsten und auf Gott mehr Klarheit und Gemeinsamkeit sich entfalten kann, als im Reden, Argumentieren oder gar im Streiten und Recht-haben-wollen. So etwas ist nur möglich, wo der Glaube an die wirksame Gegenwart des Herrn und seines Geistes lebendig ist.

b) Das persönliche Gespräch

Die gemeinsame Beratung ist, so sagt uns Benedikt im 3. Kapitel, ein Ort des Hörens auf Christus. Eine weitere Hilfe, Christus im Bruder zu vernehmen, ist das geistliche Gespräch, das in den letzten Jahren mehr und mehr an Bedeutung gewonnen hat. Man könnte meinen, durch Lesen frommer Bücher, vor allem der Heiligen Schrift, und durch eigenes Nachdenken könne man Gottes Willen für sich selbst erkennen. Doch wir spüren, daß uns das Wort eines andern oft weiter hilft als eigene Überlegungen. Diese Erfahrung haben die Mönche immer wieder gemacht. Sie betrachten den Bruder als Mittler zu unserem Heil, als den, der uns den Weg zum Leben aufschließt. So heißt es in einem Väterspruch:

Abba Poimen erzählte ein Wort des Abba Athanasius: „Wie ein Mensch keine guten Werke besitzt, bevor ihm Gott nicht die Gnade dazu gibt, so ist es gewiß, daß niemand aus eigener Kraft vollkommen werden kann. Doch wenn er sich seinem Nächsten anvertraut, wird er durch die Vermittlung seines Nächsten die Gnade empfangen und er wird Ruhe haben.“ [4]

Für die Mönche erfüllt sich in der Mittlerschaft des Bruders das Geheimnis der Menschwerdung Gottes. Gott spricht durch Menschen zu uns.

Und wir müssen uns demütig Menschen öffnen, um durch sie Gottes Wort für uns zu vernehmen. Selbst langes Fasten und intensives Forschen schließen uns Gottes Wort nicht so leicht auf wie das Wort eines Bruders. Von dieser Erfahrung berichtet ein Väterspruch:

Von einem Altvater wurde erzählt, er habe 70 Wochen in der Art gefastet, daß er jede Woche nur einmal aß. Dieser bat Gott, er wolle ihm einen Ausspruch der Heiligen Schrift erklären, aber Gott offenbarte es ihm nicht. Da sagte er zu sich selbst: Siehe, solche Mühe habe ich auf mich genommen, und es nützt mir nichts. Ich will also zu meinem Bruder gehen und ihn fragen. Als er nun hinausgegangen war und die Türe verschloß, um wegzugehen, wurde zu ihm ein Engel des Herrn gesandt, der ihm sagte: „Die 70 Wochen, die du gefastet hast, haben dich Gott nicht nahe gebracht: jetzt aber, da du dich verdemütigt hast, zu deinem Bruder zu gehen, bin ich gesandt, dir die Stelle zu erklären." Und nachdem er ihm die Sache, die er suchte, erklärt hatte, verließ er ihn.[5]

In diesem Text ist die Demut angesprochen als Voraussetzung, im Bruder Christus zu hören. Es fällt uns nicht leicht, zum Bruder in dem demütigen Glauben zu gehen, daß durch ihn Christus zu uns spricht. Wir gehen zu einem andern, wenn wir ihm vertrauen, und wir erfahren, daß ein vertrauensvolles Gespräch uns gut tut. Wir können uns aussprechen, der andere hört uns zu und gibt uns einen Rat. Heute sehnen sich sehr viele nach einem solchen Gesprächspartner und viele beklagen sich, daß sie niemanden haben, dem sie vertrauen können. Vertrauen ist offensichtlich die Voraussetzung für ein persönliches Gespräch. Die Mönche jedoch sprechen von der Demut und vom Gehorsam als der Voraussetzung, im andern Christus zu hören. Die Demut besteht darin, daß ich dem anderen zutraue, daß Christus durch ihn zu mir reden kann.

Es braucht noch gar kein Vertrauensverhältnis zu bestehen, entscheidend ist vielmehr die Bereitschaft, in den Worten des andern Gottes Worte an mich zu vernehmen. Ein Väterspruch beschreibt, in welcher Haltung man auf den andern zugehen muß, um für Gottes Wort offen zu sein:

Wenn du zu einem Vater gehst, um ihn über deine Gedanken zu befragen, bete zuerst zu Gott und sage: „Herr, lege das, was du willst, in den Mund des Alten, damit er mir es sage. Denn ich werde das, was mir von ihm kommt, wie aus deinem Munde annehmen, Herr. Stärke ihn, Herr, in deiner Wahrheit, damit ich durch ihn deinen Willen erfahre." Und so beachte das, was dir der Vater sagt, mit Vorsicht und Furcht.[6]

Nicht zuerst das Vertrauen, sondern die Demut ist für die Mönche die Bedingung, im andern Christus hören zu können. Die Demut verlangt den Glauben, daß Christus den Bruder gesandt hat, mir seinen Willen mitzuteilen, ganz gleich, wie viel psychologische Kenntnisse und menschliche Erfahrung ich dem andern zutraue. Wir beurteilen unsere Gesprächspartner, etwa den Beichtvater, häufig nach seiner Intelligenz oder nach seiner menschlichen Reife. Wenn er unserem prüfenden Urteil nicht standhält, erwarten wir keine Hilfe von ihm, dispensieren wir uns davon, sein Wort gegen uns gelten zu lassen. Für die Mönche ist die entscheidende Haltung für das persönliche Gespräch der Glaube, daß Gott gerade durch diesen Bruder zu mir sprechen will, unabhängig von seinem psychologischen Wissen und unabhängig von der Sympathie, die ich zu ihm habe. Freilich können wir durch unsern Glauben Gott nicht zwingen, daß er jetzt gerade durch den Gesprächspartner zu uns spricht, aber in diesem Glauben werden wir offen, ob Gott vielleicht nicht doch durch ganz einfache Worte des andern hindurch mir jetzt etwas sagen will. Ein Väterspruch hält Gottes Sprechen durch den andern sogar für ziemlich sicher, wenn wir nur in der richtigen Glaubenshaltung an das Gespräch herangehen:

Wenn jemand Gott aus seinem ganzen Herzen anruft und einen Menschen über seine Gedanken befragt, antwortet ihm der Mensch, oder vielmehr Gott, der durch den Menschen antwortet, das, was nötig ist, selbst wenn der Gefragte unwürdig und ein Sünder ist, Gott, der ja auch den Mund der Eselin Balaams geöffnet hat.[7]

Für die alten Mönche kann jeder Mensch für uns zum Sprachrohr Gottes werden, auch Menschen, die uns in Wissen und Weisheit unterlegen sind. Ein Apophthegma zeigt, daß Gott einem Altvater durch ein Kind ganz tiefe Einsichten schenkt. Gott spricht durch ein scheinbar unvernünftiges Kind, nicht weil das Kind besonders kluge Sätze sagt, sondern weil Abba Makarius in ihm ein Wort von Gott erwartet:

Abbas Makarius sagte: „Als ich jung war, war ich von der acedia (= Trägheit, Lustlosigkeit) bedrückt in meiner Zelle. Ich ging hinaus in die Wüste und sagte mir in Gedanken: Wen ich treffe, den frage ich, daß er mir zu Hilfe kommt. Ich traf ein Kind, das Kühe weidete und ich sagte zu ihm: Was muß ich tun, mein Kind, denn ich habe Hunger. Es sagte mir: Gut, dann iß! Ich erwiderte ihm: Ich habe gegessen und habe immer noch Hunger. Es sagte von neuem: Iß noch einmal! Ich erwiderte: Ich habe oft gegessen und habe immer noch Hunger. Es sagte mir nun: Vielleicht bist du ein Esel, Vater, da du immer fressen willst. Und ich ging weg und zog Nutzen aus dieser Antwort."[8]

c) Der schwierige Mitmensch

Eine weitere Erfahrung der alten Mönche ist, daß Christus zu uns gerade auch durch den *schwierigen Bruder* spricht. Dabei sind es nicht die einzelnen Worte des Bruders, durch die uns Christus etwas sagen will, sondern das ganze Verhalten, ein Verhalten, das offensichtlich nichts mit Christus und seiner Lehre zu tun hat, sondern im Gegenteil ihm genau widerspricht. Und dennoch wird der Bruder, der Christus so unähnlich zu sein scheint, weil er mich kränkt und verletzt, von den Altvätern als Arzt bezeichnet, den mir Christus selbst gesandt hat:

Wenn jemand die Erinnerung an einen Bruder betrachtet, der ihn verletzt, gekränkt oder verhöhnt hat, so muß er sich dessen wie eines Arztes erinnern, der ihm von Christus gesandt wurde, und er muß ihn als Wohltäter betrachten. Denn wenn du dich dabei kränkst, so deswegen, weil deine Seele krank ist. In der Tat, wenn du nicht krank wärest, würdest du nicht leiden. Du mußt also dem Bruder danken, denn dank seiner kennst du nun deine Krankheit, du mußt für ihn beten und das, was dir von ihm kommt, als Heilmittel entgegennehmen, das dir vom Herrn geschickt wurde. Wenn du dich dagegen über ihn ärgerst, so ist das, als ob du zu Jesus sagtest: „Ich will deine Heilmittel nicht, ich ziehe den Eiter vor, der sich in meinen Wunden bildet.“[9]

Die Mönche haben offensichtlich die Erfahrung gemacht, daß mich der andere, der mich kränkt, auf meine eigene Krankheit stößt. Ich würde nicht so heftig auf beleidigende Worte reagieren, wenn sie mich nicht an einer schwachen Stelle treffen würden. Sie decken den Punkt auf, an dem ich mich selbst noch nicht angenommen habe. Denn wenn ich meine eigenen schwachen Seiten kennen und annehmen würde, dann könnte ich ein Wort, das mich daran erinnert, gelassen aufnehmen. Immer dann, wenn ich mich auf ein Wort eines andern hin aufrege, muß ich mir eingestehen, daß da bei mir etwas noch nicht in Ordnung ist. Dorotheus von Gaza spricht das in seinen Unterredungen deutlich aus:

Es kommt vor, daß du ruhig und friedlich auf der Zelle sitzest. Da kommt ein Mitbruder und es fällt ein kränkendes Wort. Du regst dich auf und bist der festen Überzeugung: wäre er nicht gekommen, hätte er mich nicht geärgert, dann wäre mir dieser Fehler erspart geblieben. – Selbsttäuschung! Er hat nur an deine schwache Stelle gerührt und dir gezeigt, wo du einsetzen mußt, wenn es dir ernst mit der Tugend ist. Ich muß da an den Mistpilz denken. Außen rein und farbenschön birgt er unter der sauberen Hülle doch nur Unrat. Brich ihn entzwei, dann siehst du es. In gleicher Weise hast auch du vermeint, friedlich auf deiner Zelle zu sitzen. Aber du hattest, dir selber unbewußt, die Leidenschaft in deinem Innern. Dein Mitbruder sprach das Wort und zeigte dir ihr Versteck. Sofern es dir nun um das göttliche Erbarmen ernst ist, bessere dich, läutere dich, schreite voran, und du wirst zur Einsicht kommen, daß du dem Mitbruder von Herzen dankbar sein mußt, weil er dir zu dieser heilsamen Erfahrung verholfen hat. [10]

Eine ähnliche Erfahrung spricht ein Briefwechsel zwischen einem Kaufmann von Petersburg und dem Starez von Optina an:

„Mein Dienstmädchen hat gekündigt, und nun empfehlen mir Freunde, für sie ein Mädchen vom Land zu nehmen. Was raten Sie mir? Soll ich sie einstellen oder nicht?" „Ja," antwortete der Starez, „stelle sie ein!" Nach einer Weile schrieb der Kaufmann wieder: „Vater, erlauben Sie mir, sie zu entlassen, sie ist ein wahrer Dämon. Seit sie im Haus ist, kenne ich nur noch Wut und Raserei und habe mich nicht mehr in der Gewalt." Da antwortete der Starez: „Schick sie ja nicht fort! Sie ist ein Engel, den dir Gott gesandt hat, damit du siehst, wieviel Zorn in dir versteckt war. Das hätte dir dein früheres Dienstmädchen nie zeigen können."[11]

Zwei positive Funktionen des schwierigen Mitmenschen lassen sich aus diesen Texten herausschälen: Einmal zeigt mir der andere, wieviel Ungeduld und Zorn in mir sind. Er bewahrt mich also vor der Illusion, als ob ich schon fast vollkommen wäre. Er zeigt mir meine Grenzen auf. Ich bin noch nicht fähig, Menschen wirklich zu lieben, wenn ich mich von meinen negativen Emotionen so hinreißen lasse. Und ich bin mit mir selber noch nicht versöhnt, wenn es nur kleiner Nadelstiche bedarf, um mich explodieren zu lassen.

Zum andern hilft mir der schwierige Mitmensch zu einer besseren Selbsterkenntnis. Denn gerade die Fehler, über die ich mich bei den andern aufrege, sind auch in mir vorhanden. „Was nicht in uns selber ist, das regt uns nicht auf", [12] sagt Hermann Hesse einmal in seinem Roman Demian. Wir brauchen uns also nur selbst zu beobachten, worüber wir uns bei den andern aufregen, um zu erkennen, was unsere eigenen Fehler sind. Und so kann uns der andere helfen, die Fehler zu entdecken, die wir verdrängt haben, die wir vor uns selber nicht eingestehen, weil sie unsere innere Ehre ankratzen, Fehler, die uns so unbewußt sind, daß wir gar nicht merken, daß wir sie auf die andern abschieben. Wir ärgern uns lieber über die andern, um nicht zugeben zu müssen, daß wir uns eigentlich über uns selber ärgern müßten. Wer seine Fehler nur im andern sieht, kommt mit sich selbst nicht weiter. Daher nennen die alten Mönche den schwierigen Mitmenschen, der uns auf unsere Fehler stößt, den Arzt Jesu, für den wir dankbar sein sollen. Christus kann mir durch den andern, durch sein Verhalten und durch seine Worte wertvolle Aufschlüsse über mich selber geben, er kann mir aufzeigen, was in mir geheilt werden muß.

Noch eine dritte positive Funktion des schwierigen Mitmenschen haben die alten Mönche erfahren. Der andere kann mich zwingen, in mir positive Haltungen einzuüben, vor allem Geduld und Liebe. So erzählt Abbas Arwe von einem

Bruder, der Tag für Tag seine Matten flocht und sie verkaufte. Jedesmal, wenn er in die Stadt ging, um seine Matten zu verkaufen, stahl ihm der Bruder aus seiner Zelle das verdiente Geld. Dennoch verschloß er die Türe nicht, er teilte nur das Geld in zwei Teile und legte einen Zettel dazu: „Ich bitte dich durch die Liebe unseres Herrn, nimm einen Teil des Geldes und lasse mir den andern, damit ich davon leben kann." Doch der andere ging auf dieses Angebot nicht ein und nahm wieder alles. So ging es jahrelang. Da wurde der Dieb krank. Als er im Sterben lag, bat er seinen Bruder um Verzeihung. Und der nahm Hände und Füße des Kranken, küßte sie und sagte: „Der Herr segne diese Hände und Füße, denn sie haben mich gelehrt, Mönch zu werden."[13] Ausgerechnet der Mitbruder, der ihm am meisten Schwierigkeiten gemacht hat, hat ihm zu den heilsamsten Erfahrungen seines Lebens verholfen. Er hat ihn gezwungen, härter zu arbeiten, intensiver zu beten und in Geduld zu lieben. Und so hat er ihn gelehrt, was es heißt, Mönch zu werden. Für den Mönch ist es Christus selbst, der durch das negative Verhalten des andern an ihm gehandelt hat. Wir meinen manchmal, wir müßten an schwierigen Mitmenschen zerbrechen. Wir glauben, ohne sie wäre alles leichter, ohne sie könnten wir friedfertiger und frömmer sein. Aber gerade solche Mitmenschen können uns immer mehr für Gott aufbrechen und so letztlich Mittler zu unserem Heil werden. Entscheidend dafür, ob uns der andere zum Heil werden kann, ist der Glaube, daß Gott uns den andern zumutet, daß es die göttliche Vorsehung ist, die ihn uns schickt, und daß Christus selbst durch den andern zu uns sprechen kann.

II. CHRISTUS IM BRUDER BEGEGNEN

1. Die Lehre St. Benedikts

Bei zwei Gelegenheiten spricht Benedikt ausdrücklich davon, daß man in einem Menschen Christus begegnet und ihn entsprechend behandeln soll. Es sei zunächst der Umgang mit den Kranken erwähnt. Es heißt in Kapitel 36: „Um die Kranken muß man vor allem und über alles besorgt sein. Man diene ihnen also wie Christus selbst. Er hat ja gesagt: ‚Ich war krank, und ihr habt mich besucht'; und: ‚Was ihr einem dieser Geringsten getan habt, habt ihr mir getan.'" Das gilt – wie Benedikt ausdrücklich betont – auch für den Umgang mit den schwierigen und den besonders anspruchsvollen Kranken. Zweimal spricht Benedikt in diesem Zusammenhang von der cura maxima, der überaus großen Sorge, die der Abt um die Kranken haben muß, „daß die Kranken ja nicht vom Cellerar oder von den Wärtern vernachlässigt werden". Es könnte ja sein, daß der Cellerar Ausgaben für den Kranken sparen will, oder daß den Wärtern die Pflege zu beschwerlich ist, vor allem bei unzufriedenen und unangenehmen Kranken, und sie die Pflege deshalb vernachlässigen. Darum bindet Benedikt dem Abt so nachhaltig die Verantwortung für die Kranken auf die Seele, damit ihnen ja nichts Notwendiges abgehe und ihre Pflege so ernst genommen wird, als läge Christus selbst krank zu Bett.

Eine weitere Gelegenheit Christus zu begegnen, erwähnt Benedikt bei der Aufnahme der Gäste im 53. Kapitel: „Alle Gäste sollen bei ihrer Ankunft wie Christus aufgenommen werden; denn er selbst wird einmal sagen: ‚Ich war Fremdling, und ihr habt mich aufgenommen.'" Nach diesem allgemeinen Hinweis und dem Zitat aus Mt 25,35 gibt er einige konkrete Anweisungen und kommt dann nochmals in verstärkter Form auf diesen Gedanken zurück: „Alle Gäste sind bei der Ankunft und beim Abschied mit aller Demut zu grüßen; man verneige das Haupt oder werfe sich ganz zur Erde nieder, um in ihnen Christus anzubeten, der ja auch wirklich in ihnen aufgenommen wird." In den Gästen soll also Christus geradezu angebetet werden, wie Benedikt ausdrücklich sagt. Das Niederfallen zur Erde ist die Geste der Anbetung. Und als könnte man diese Hinweise zu oberflächlich oder nicht ganz so ernstgemeint betrachten, fügt er noch ausdrücklich hinzu, daß Christus „ja auch wirklich in ihnen aufgenommen wird".

Diese Worte lassen an Deutlichkeit nichts zu wünschen übrig. Von Christus her kommt dem Gast eine Würde zu, welche die Mönche bis in ihre Gestik und ihre Umgangsformen ernst zu nehmen haben. Hier liegt auch der eigentliche Grund für die vielbesungene benediktinische Gastfreundschaft. Sie gründet sich nicht auf eine gewisse Leutseligkeit oder Weltoffenheit, sie hat auch zunächst nichts zu tun mit einem pastoralen Interesse an den Menschen, die zu Gast kommen. Die Gäste sollen deshalb mit so großer Ehrerbietung behandelt werden, weil in ihnen nicht nur Christus gelegentlich mal den Mönchen begegnen könnte, so wie er gelegentlich mal durch diesen oder jenen Menschen seinen Willen kundtun kann, sondern weil in jedem Menschen, der kommt, Christus aufgenommen werden will, ganz gleich was für ein Mensch der Gast auch sei. Wer auch immer auf die Mönche zukommt, er soll wie Christus selbst behandelt werden. Gastfreundschaft ist hier Ausdruck einer tiefen christlichen Ehrfurcht vor der Würde jedes Menschen, der auf einen zukommt.

Das betont Benedikt nochmals ausdrücklich an einer dritten Stelle in diesem selben Kapitel: „Ganz besonders gewissenhafte Sorge jedoch widme man der Aufnahme von Armen und Pilgern; denn in ihnen wird Christus noch mehr (als in den anderen Gästen) aufgenommen; die gebieterische Erscheinung der Reichen erzwingt sich ja von selbst Ehrerbietung." Daß man reichen und hochgestellten Persönlichkeiten mit Hochschätzung und Unterwürfigkeit begegnet, ist für Benedikt eine Erfahrungstatsache. Solche Menschen erzwingen sich schon durch ihr Auftreten den nötigen Respekt. Die Kleinen aber, die Armen und Pilger können leicht übersehen werden. Sie sind lästig und von ihnen kann man nichts bekommen. Sie bringen dem Kloster nichts, sie wollen nur etwas und kosten viel Zeit, Mühe und Aufwand. Und deshalb betont Benedikt so sehr, daß in ihnen Christus noch mehr aufgenommen wird als in den Reichen. An ihnen wird sich zeigen, wie echt und selbstlos diese Gastfreundschaft ist.

Im Kapitel 66 gibt Benedikt dem Pförtner Anweisungen, wie er sich Fremden und Armen gegenüber verhalten soll. Sobald einer anklopft oder ein Armer ruft, soll er „Gott sei Dank" antworten oder um den Segen bitten. „Und er soll mit aller Freundlichkeit, die der Furcht Gottes entspringt, und mit glühender Liebe antworten." Analysiert man diesen Satz, so fällt einem zunächst auf, welch feierliche Sprache Benedikt hier spricht. Er gibt nicht Regeln der Höflichkeit, sondern er schärft dem Pförtner ein religiöses Verhalten ein. Die Freundlichkeit hat mit der Furcht Gottes zu tun. Der Pförtner soll Gott danken, wenn ein Fremder kommt oder ein Bettler um etwas bittet. Aus dieser Anweisung spricht die tiefe Ehrfurcht, die Benedikt Menschen gegenüber zeigt, die zum Kloster kommen. Gott selbst schickt sie und in ihnen begegnet der Mönch Christus selber. Starez Siluan formuliert diese Erfahrung, daß Gott uns den Bruder schenkt, damit wir ihm darin begegnen: „Selig, wer seinen Bruder liebt, denn unser Bruder ist unser Leben."[14]

Diese unterschiedslose und ehrfürchtige Haltung, die gegenüber *allen* Kranken und *allen* Gästen gefordert wird, ist aber nicht auf diese beiden Bereiche beschränkt. An vielen Stellen seiner Regel zeigt Benedikt, welche tiefe Ehrfurcht und Hochschätzung er gegenüber allen Menschen empfindet. Aber in diesen beiden zitierten Kapiteln sagt er deutlich wie sonst nie, daß diese Ehrfurcht letztlich in Christus gründet. Erstaunlich ist auch, daß Benedikt gerade beim Umgang mit Menschen öfter vom timor Dei, von der Furcht Gottes spricht. Die Gottesfurcht wird besonders von denen verlangt, die von ihrer Aufgabe her ständig mit Menschen zu tun haben: vom Cellerar, vom Krankenwärter, vom Bruder, der die Gäste bedient, und vom Pförtner. Benedikt ist offensichtlich der Meinung, daß gerade die Gottesfurcht uns befähigt, mit Menschen richtig umzugehen, die nötige Ehrfurcht vor ihnen zu haben, eine Ehrfurcht, die im andern etwas vom Geheimnis der Gegenwart Christi erspürt. Von den vielen Stellen, die diese Haltung der Ehrfurcht andeuten, seien nur zwei erwähnt: Im 4. Kapitel sagt Benedikt kurz und bündig: „Alle Menschen ehren." Und im Kapitel 72 und 63 zitiert er jeweils das Wort aus Röm 12,10: „Kommt einander in Ehrerbietung zuvor!" (oder: übertrefft einander in Ehrfurcht.)

Das sind grundlegende Anweisungen für den Umgang miteinander. Im folgenden sollen diese Weisungen Benedikts für die Praxis weiter ausgeführt werden.

2. Konkrete Wege in die Praxis

a) Christus im Bruder entdecken

Was würde nun geschehen, wenn wir diese Anweisungen in die Praxis unsres Lebens umsetzen würden? Man könnte einmal damit beginnen, daß man Menschen aus seiner Umgebung oder aus seinem Bekanntenkreis betrachtet mit dem Gedanken: „Diesen Menschen soll ich behandeln wie Christus selbst." Oder man könnte es auch mit Worten des heiligen Paulus versuchen und sich sagen: „In diesem Menschen lebt Christus." „Dieser Mensch ist ein Tempel des Heiligen Geistes." Das sind alles Worte, die uns geläufig und selbstverständlich sind. Was geschieht aber, wenn wir sie in Bezug auf ganz konkrete Menschen ernstzunehmen versuchen?

Gegenüber Menschen, die wir mögen und die uns sympathisch sind, fällt uns das relativ leicht. Aber es kann auch bereits hier eine wichtige neue Erfahrung hinzukommen. Die bisherige Beziehung kann wesentlich vertieft werden, weil sie nicht nur auf gegenseitiger Sympathie menschlicher Qualität und Freundschaft beruht, sondern weil der andere als ein Mensch betrachtet wird, in dem Christus wohnt und dem deshalb Ehrfurcht gebührt wie Christus selbst.

Wesentlich schwieriger ist es aber Menschen gegenüber, die uns unsympathisch sind und mit denen wir irgendwie Schwierigkeiten haben. Es kann sich alles in uns gegen den Gedanken sträuben, solch einen Menschen „wie Christus" zu betrachten und zu behandeln. Man kann so etwas auch als sehr unrealistisch beurteilen. Man kann einwenden, daß solche Menschen eben nicht Christus selber sind, sondern daß es Menschen mit vielen Fehlern sind, Menschen, von denen man erwarten muß, daß sie sich bessern usw. Das mag alles richtig sein. Es wäre auch falsch, vor den Fehlern der Menschen einfach den Kopf in den Sand zu stecken und zu tun, als wären sie fehlerlose Heilige, (falls es so etwas überhaupt gibt!).

Auch Benedikt hat über die Fehler seiner Mönche nicht hinweggesehen. Er hat Fehler beim Namen genannt und gelegentlich auch schwer bestraft. Aber er gibt in Kapitel 64 dem Abt die Mahnung; „Er hasse die Fehler und liebe die Brüder." Das ist eine schwere Aufgabe. Trotz der Fehler einen Menschen achten, ihm in Ehrfurcht begegnen und ihn sogar lieben, lieben wie Christus. Das ist kein Auftrag, den man mit ein wenig gutem Willen erfüllen kann. Das ist eine Lebensaufgabe. Man wird sich lange Zeit in solche Menschen mit Liebe hineinmeditieren müssen, bis unsre Abneigung und unsre Vorurteile sich abbauen und die Liebe Christi zum Tragen kommt. Wir dürfen und sollen Realisten bleiben. Aber wir dürfen bei solchen Menschen nicht nur die negativen Seiten als die Realität betrachten, auf die wir achten und reagieren; auch die Christuswirklichkeit ist in jedem Menschen eine Realität, die wir beachten und auf die wir unser Verhalten einstellen müssen.

Vielleicht sind viele Menschen überhaupt erst fähig, ihr Leben zu ändern, wenn sie einmal in dieser tiefen Weise geachtet, ernstgenommen und sogar geliebt werden, trotz ihrer Fehler. Dazu sei hier noch ein eindrucksvoller Text angefügt. In einem anonym erschienenen Büchlein über das Jesusgebet erläutert der Autor, was die

Anrufung des Namens Jesu in der Begegnung mit Menschen bedeuten kann:

Der Name JESUS ist nun ein konkretes und wirksames Mittel, die Menschen in ihre verborgene, innerste und letzte Wirklichkeit zu verwandeln. Mit dem Namen JESUS im Herzen und auf den Lippen sollten wir uns allen Menschen nähern – auf der Straße, im Geschäft, im Büro, in der Fabrik, im Bus, beim Anstehen –, besonders aber denen, die uns lästig und unsympathisch sind. Über sie alle sollten wir den Namen JESUS aussprechen, denn das ist ihr wirklicher Name.

Nenne sie mit seinem Namen, nenne sie in seinem Namen, im Geist der Anbetung, der Zuneigung und des Dienstes. Verehre und diene Christus in ihnen. Bei vielen dieser Männer und Frauen – den Bösen und Verbrechern – ist JESUS gleichsam eingekerkert. Befreie ihn, indem du ihn stillschweigend anerkennst und anbetest in ihnen. Wenn wir mit dieser neuen Einstellung durch die Welt gehen, den Namen JESUS über jeden Menschen sprechen und in jedem Menschen JESUS sehen, wird jeder vor unseren Augen verwandelt und verklärt werden. [15]

Es geht also nicht darum, den Namen Jesu im Gespräch mit den Menschen dauernd im Munde zu führen oder ständig über dieses Thema zu sprechen, es geht vielmehr um die innere Glaubens- und Gebetshaltung, in der man dem Menschen begegnen soll, um den Glauben an die Gegenwart Christi im Bruder, der dem Bruder hilft, sich nach seiner inneren Christusgestalt auszurichten und zu verändern. Wenn wir Jesus im andern sehen, dann schauen wir nicht durch den andern hindurch. Der andere erfährt sich nicht bloß als zufälliges Objekt, an dem wir unsere Christusliebe praktizieren, sondern er fühlt sich menschlich geachtet, ernstgenommen und geliebt, er erfährt sich trotz seiner Fehler in einer so tiefen Weise angenommen, daß er nun fähig wird, sich zu ändern und der Christusgestalt in sich Raum zu geben.

b) Annehmen des andern

Die Mönche berichten von verschiedenen Hilfen, wie ich den Glauben an die Christuswirklichkeit im Bruder einüben kann. Eine Hilfe besteht darin, daß ich versuche, das Positive im andern zu sehen, indem ich ihn *lobe*. So sagt ein Alter: „Wenn du deinen Nächsten kennen lernen willst, ehre ihn mehr als ihn zu tadeln.“[16] In jedem Menschen steckt ein guter Kern. Doch er ist oft verhüllt, er kann sich nicht entfalten, weil er von andern nicht gesehen und angenommen wird. Im Loben durchbrechen wir die Hülle, hinter der sich der gute Kern versteckt. Den andern loben, heißt, ihn in einer ganz tiefen Weise annehmen, ihn nicht bloß oberflächlich akzeptieren, sondern ihn in seinem eigentlichen Wesen annehmen. Daher verlangt die Annahme des andern im Loben den Glauben an das Gute und Wertvolle in ihm, den Glauben, daß Gott ihn als gut und einmalig geschaffen hat und daß Christus selbst in ihm ist. Wer sich durch das Lob eines andern im Tiefsten angenommen weiß, der kann nun selber erst all das Positive in sich entdecken und entfalten. Unser Glaube an das Wertvolle in ihm ermöglicht nun ihm den Glauben, daß er etwas wert ist, daß Christus selber in ihm ist. So ist das Lob für uns die Bedingung, im andern an die Christuswirklichkeit zu rühren und sie durch die sie verbergende Hülle hindurch zu erkennen. Und für den andern ist es eine Hilfe, daß er sich so entfaltet, daß seine eigentliche Gestalt zum Vorschein kommt, daß Christus in ihm Gestalt annimmt.

Eine alte Mönchsgeschichte kann verdeutlichen, wie ein lobendes Wort den guten Wesenskern im Menschen wachzurufen vermag:

Man erzählte vom Abbas Makarios, dem Ägypter: Einmal stieg er von der Sketis auf den Berg von Nitria.

Als er sich dem Orte näherte, sprach er zu seinem Schüler: „Geh ein wenig voraus!" Beim Vorangehen traf er auf einen Priester der heidnischen Griechen. Der Bruder schrie ihn an mit den Worten: „Weh, Weh, Dämon, wohin läufst du?" Jener drehte sich um, gab ihm Schläge und ließ ihn halbtot liegen. Dann nahm er seinen Stab und lief weiter! Nachdem er ein wenig weitergegangen war, begegnete ihm der Altvater Makarios und sagte zu ihm: „Heil dir! Heil dir! Du Mühseliger!" Darüber wunderte sich der Priester, kam näher zu ihm und fragte: „Was hast du Gutes an mir gesehen, daß du mich angesprochen hast?" Der Greis antwortete: „Weil ich sah, daß du dich müde gearbeitet hast. Aber du weißt nicht, daß du dich umsonst plagst." Der Priester sagte zu ihm: „Ich wurde von deinem Gruß bewegt. Ich erkannte, daß du Gott angehörst, aber ein anderer, böser Mönch begegnete mir und verhöhnte mich, und ich gab ihm tödliche Schläge." Da erkannte der Greis, daß es sein Schüler war. Der Priester umfaßte nun seine Füße und sprach: „Ich lasse dich nicht, bis du mich zu einem Mönch machst!" Sie stiegen hinauf, wo der Mönch lag, nahmen ihn auf die Schultern und brachten ihn in die Versammlung auf dem Berge. Als die Brüder den Priester sahen, gerieten sie außer sich. Sie machten ihn zum Mönch, und viele von den Heiden wurden Christen. Darauf tat Altvater Makarios den Ausspruch: Ein böses Wort macht auch die Guten böse, ein gutes Wort macht auch die Bösen gut.[17]

Durch ein gutes Wort wird das Gute im andern angesprochen und kann sich entfalten. Durch ein böses Wort wird dagegen der andere in die Richtung des Bösen gedrängt. Das ist für die Mönche mehr als eine psychologische Methode, das Gute im andern zu fördern. Es geht vielmehr um den Glauben an Christus im Bruder, an Gottes Gegenwart im Nächsten. So wurde einmal Abbas Jesaja gefragt, was Verleumdung sei. Und er gab zur Antwort: „Gottes Herrlichkeit nicht kennen wollen und Neid gegen den Nächsten."[18] Das gute Wort, das Lob, erkennt die Herrlichkeit Gottes im andern an, glaubt an sie und gibt ihr dadurch die Möglichkeit, den Menschen zu

durchdringen und immer mehr durch die sie verdeckende Hülle des Schwachen und allzu Menschlichen hindurch zu scheinen.
Es geht in der Annahme des andern um das Vertrauen in den positiven Kern des andern, und zwar um ein Vertrauen, das sich auch vom Anschein des Gegenteils nicht erschüttern läßt. Eine alte Mönchsgeschichte schildert anschaulich, wie ein Bruder das Vertrauen in den positiven Kern des andern trotz negativer Erfahrungen durchhält. Zwei Mönche zogen in die Stadt, um dort die Produkte ihrer Arbeit zu verkaufen. Am Eingang der Stadt trennten sie sich, um ihre Angelegenheiten zu erledigen. Da wurde der eine von einer reichen Frau verführt und versündigte sich mit ihr. Seinem Bruder ließ er ausrichten, er solle nicht länger warten. Doch der Bruder wollte es nicht glauben. Zu dem, der ihm vom Fall seines Mitbruders berichtete, sagte er: „Gott gefällt nicht, daß man solche Dinge von meinem so verehrungswürdigen Bruder erzählt." Und er betet 7 Jahre lang für seinen Bruder, auf den er am verabredeten Platz wartet, Sommer wie Winter, fastend und weinend. Schließlich begegnet ihm sein Mitbruder, in reichen und weichlichen Kleidern. Er gibt sich als sein ehemaliger Begleiter zu erkennen. Doch der Mönch sagt: „Du bist es nicht, denn jener war Mönch, und du bist ein Mensch dieser Welt."[19] Er glaubt also weiter an den guten Kern des andern. Er weigert sich, sich vom Anschein der Sünde täuschen zu lassen. Und der Glaube gibt ihm recht. Der andere entsagt dem sündigen Treiben und kehrt mit ihm ins Kloster zurück.
Weil der andere weiter an das Gute im Bruder geglaubt hat, deshalb konnte der sich von der Sünde lösen und dem Guten in sich wieder Raum geben. Die Psychologie bestätigt diese Erfah-

rung. Sie sagt uns, daß sich die Menschen zum großen Teil nach unseren Erwartungen richten. Wenn ein Lehrer von seinen Schülern keine guten Leistungen erwartet, weil er sie für dumm und faul hält, werden sie sich dementsprechend verhalten und keine Erfolge erzielen. Christus ist im andern deshalb so oft verdeckt, weil wir nicht an seine Gegenwart in ihm glauben. Wenn wir daran glauben könnten, dann könnte Christus im andern wieder sichtbar werden. Unser Glaube kann die Christusgestalt in ihm freisetzen.

c) Dienst am Bruder

Es geht Benedikt jedoch nicht bloß darum, daß Christus im andern sichtbar werden soll. Ich soll ihm auch wie Christus *dienen*, selbst wenn nichts von Christus zu erkennen ist, selbst wenn er mir nur auf die Nerven geht und mir das Leben schwer macht. Die Vätersprüche berichten von Erfahrungen mancher Mönche mit unausstehlichen Mitbrüdern, die nichts anderes zu tun hatten, als ihre Begleiter zu drangsalieren. Und dennoch wird am Ende solcher Erzählungen immer wieder gesagt, daß man Christus in ihnen gedient habe, daß Christus selbst sie auf die Probe gestellt habe. Christus in seiner Ungestalt zu begegnen und ihm dort zu dienen, das verlangt einen starken Glauben. Doch gerade hier kann uns etwas von dem Paradox der Menschwerdung aufgehen: „Er hatte weder Gestalt noch Schönheit." (Jes 53,2) Das gilt nicht nur von der Verborgenheit Gottes im Menschen Jesus, sondern auch von der Verschleierung Christi im Bruder.

So wird in einem Väterspruch vom Mönch Eulogius erzählt, daß er einen Aussätzigen in sein Kellion mitnimmt und ihm 15 Jahre lang dient. Da kommt ein Dämon in den Kranken. Er beschimpft Eulogius und will, daß er ihn wieder an den Platz bringt, wo er ihn aufgehoben hat. Eulogius weiß sich keinen Rat mehr und geht mit dem Kranken zu Antonius. Antonius hört sich seine Geschichte an und antwortet ihm:

Was, du willst ihn fortjagen, Eulogius? Und doch hat ihn der nicht verstoßen, der ihn als sein Geschöpf anerkennt? Willst du ihn verwerfen? Wohlan, so wird er einen besseren finden als dich, Gott wird einen auserwählen, der den Verstoßenen aufnimmt. Als Eulogius erschrocken über diese Rede stillschwieg, wandte sich Antonios an den Kranken und begann auch diesen streng zurechtzuweisen, indem er mit lauter Stimme zu ihm sagte: Du Aussätziger voll Schmutz und Kot, weder des Himmels noch der Erde würdig, willst du nicht aufhören, Unrecht Gottes herauszuschreien? Weißt du nicht, daß der, der dir dient, Christus ist? Wie kannst du es wagen, gegen Christus solche Reden zu führen? Denn Christi wegen hat dieser solchen Dienst auf sich genommen. Auch diesen ließ er durch seine Rede ganz zerknirscht zurück. Dann wandte er sich mit seinen Worten an die anderen, sprach mit jedem, wie es für ihn nötig war, und kehrte schließlich wieder zu Eulogius und dem Kranken zurück und sagte zu ihnen: Meine Söhne! Keiner von euch verlasse den anderen, sondern kehrt beide in jenes Kellion, in dem ihr schon so viele Jahre beisammen wohnt, in Frieden zurück und leget alle Traurigkeit ab. Denn bald wird der Herr nach euch senden.[20]

Auch in einem Menschen, der unsern Dienst abweist und uns beschimpft, dienen wir Christus. Das zu glauben, fällt nicht leicht. Wir brauchen uns jedoch nicht künstlich solche Menschen zu suchen. Es genügt, wenn wir denen dienen, die Gott uns zumutet. Oft genug wird uns da der Dienst als Überforderung erscheinen, weil wir statt Lohn nur Undank ernten. Gerade dann käme es darauf an, im Glauben an die Gegenwart Christi im undankbaren Mitmenschen weiterzudienen, ohne Verbitterung, aber auch ohne das Gefühl moralischer Überlegenheit.

III. IN CHRISTUS DIE FEINDE LIEBEN

1. Die Lehre St. Benedikts

In den vorangegangenen Ausführungen war mehrmals die Rede davon, daß die Christusbegegnung im Mitmenschen vor allem da besonders problematisch ist, wo es sich um Menschen handelt, die einem unsympathisch oder gar feindlich gesinnt sind. Benedikt greift dieses Thema in aller Deutlichkeit auf, indem er mehrmals von der Feindesliebe spricht. Im Kapitel 4, das von den „Instrumenten der guten Werke" handelt, gibt er eine ganze Reihe von Anweisungen, wie man mit Unrecht, das einem angetan wird und mit Menschen, die einem feindselig gesinnt sind, vom Glauben her umgehen soll. Die wichtigsten Texte sollen hier einfach der Reihe nach aufgeführt werden, wie sie im Kapitel 4 vorkommen:

„Kein Unrecht tun, aber zugefügtes Unrecht geduldig ertragen. Die Feinde lieben. Denen, die uns fluchen, nicht wieder fluchen, sondern sie segnen. Verfolgung leiden um der Gerechtigkeit willen . . . In der Liebe zu Christus für seine Feinde beten. Bei einem Zwist vor Sonnenuntergang Frieden schließen."

Es mag etwas verwundern, daß in einer Mönchsregel so viel von Unrecht, Zwist und Feindesliebe die Rede sein muß. Man könnte auch versucht sein, diese Äußerungen Benedikts als sehr allgemeine Bemerkungen abzutun, die nicht viel aktuelle Bedeutung haben. Benedikt scheint das aber keineswegs so zu verstehen, wie eine Anweisung im Kapitel 13 zeigt: „Die Morgen- und Abendfeier sollen aber nie beendet werden, ohne daß am Schluß das Gebet des Herrn vom Obern allen vernehmbar ganz gesprochen wird, wegen der Dornen der Ärgernisse, die leicht entstehen, damit sich die Brüder, durch das Versprechen in diesem Gebet ‚Vergib uns, wie auch wir vergeben' verpflichtet, von solcher Schuld reinigen. Bei den anderen Gebetsstunden aber spreche man nur den Schluß des Gebetes, worauf alle antworten: Sondern erlöse uns von dem Bösen." Benedikt rechnet offensichtlich tagtäglich mit Ärgernissen, Zwistigkeiten und zugefügtem Unrecht. Deshalb erinnert er seine Mönche schon am frühen Morgen, wenn noch kaum der Tag begonnen hat, an ihre Pflicht, einander zu vergeben. Und kaum ist die Arbeit des Tages beendet, werden sie erneut daran erinnert. Es handelt sich hier offensichtlich um ein Problem, mit dem sich die Mönche ständig auseinandersetzen müssen. Wie sieht das nun konkret aus?

2. Konkrete Wege in die Praxis

a) Vergeben

Wenn Benedikt sagt, man solle Unrecht geduldig ertragen und bereit sein, um der Gerechtigkeit willen Verfolgung zu leiden, so könnte man das als ein rein passives Hinnehmen verstehen. So kann es aber nicht gemeint sein, wie die anderen Texte zeigen. Wenn er sagt, man solle bei einem Zwist vor Sonnenuntergang wieder Frieden schließen und wenn er morgens und abends seine Mönche an die Pflicht zu verzeihen erinnert, so setzt dies eine aktive Haltung voraus. Frieden schließen und einem anderen verzeihen, kann eine große seelische Anstrengung erfordern, die den ganzen Menschen herausfordert. Wie schwer das ist, kann aus folgendem Text deutlich werden:

„Vergeben ist keine leichte Sache. Wenn wir gerade einmal mild gestimmt oder von Gefühlen bewegt sind, fällt es uns nicht besonders schwer. Aber kaum einer entgeht der Versuchung, seine Geste der Versöhnung bald wieder zurückzunehmen. Was wir Vergebung nennen, ist oft nichts anderes als ein Freilassen auf Bewährung ... Wir warten ungeduldig auf greifbare Zeichen der Bußfertigkeit; wir wollen sichergehen, daß der Reumütige nicht rückfällig wird – aber diese Situation kann ein Leben lang andauern, und unsre Haltung ist genau das Gegenteil von dem, was das Evangelium lehrt, mehr noch, was es uns zu tun gebietet."[21]

Wir machen unser Verzeihen oft von der Reue des Schuldigen abhängig. Es ist ja schon etwas wert, wenn wir bereit sind, die dargebotene Hand der Versöhnung zu ergreifen und das Gewesene nicht mehr nachzutragen. Was aber, wenn der Schuldige keine Reue zeigt und einem sogar weiterhin Unrecht tut? Dann fällt das Verzeihen außerordentlich schwer. Eindrucksvolle Vorbilder haben wir in Jesus selbst und im Diakon Stephanus. Beide beten für ihre Feinde um Verzeihung, obwohl diese nicht im geringsten von ihrem mörderischen Werk ablassen. Es fliegt deshalb kein Stein weniger auf das Haupt des Stephanus, aber er ist trotzdem bis zu seinem letzten Atemzug bereit, seinen Feinden zu vergeben. Hier zeigt sich sehr deutlich, wieviel innere Kraft es fordern kann, von Herzen zu verzeihen. Es genügt dazu nicht ein passives Hinnehmen, sondern es fordert einen äußersten Einsatz an Liebe. Das wird auch noch an einem Vergleich mit dem Alten Testament deutlich:

An drei markanten Stellen der heiligen Schrift können wir die Stufen eines Aufstiegs nachzeichnen: Im Buch Genesis sehen wir den gewalttätigen Lamech, der sagt, für eine Kränkung werde er sich siebenundsiebzigfach rächen (Gen 4,24). Kommen wir zum Sinai, so lautet das Gesetz: Auge um Auge, Zahn um Zahn; und hören wir Jesus, so werden wir belehrt: Siebenundsiebzigmal sollst du deinem Bruder vergeben.[22]

Hier wird so recht deutlich, wie anspruchsvoll Christsein ist, und wie sehr es ein geradezu extremes Maß an Liebe fordert. Kein Wunder, daß wir so oft hinter seinem Anspruch zurückbleiben.

Wenn wir bereit sind, einem Bruder zu vergeben, so müssen wir uns davor hüten, uns selbst für besser zu halten. Da es uns schwerfällt zu vergeben, meinen wir, wir täten etwas Großes, wenn wir die innere Schwelle überwinden und dem Bruder verzeihen. Doch das ist noch nicht die Vergebung, die Christus von uns fordert. In den Vätersprüchen wird immer wieder davor gewarnt, daß man sich in der Vergebungsbereitschaft über den Bruder erhebe. Wenn ein Bruder unsere Vergebung nicht annimmt, so liegt das nach Meinung der alten Mönche nicht immer an der Verstocktheit des Bruders, sondern an unserer Haltung, die mehr dem Stolz als der Demut entspringt. Wenn wir meinen, mit unserer Vergebung dem Bruder einen Gefallen zu erweisen, dann beschämen wir ihn und machen es ihm schwer, die Vergebung anzunehmen. In einem Väterspruch wird das anschaulich erzählt:

Ein Bruder war einmal über einen anderen Bruder erzürnt. Als dieser es hörte, begab er sich zu jenem und wollte ihm Genugtuung geben. Jener aber öffnete ihm die Türe seines Kellions nicht. Daher ging dieser zu einem Altvater und erzählte ihm den Fall. Der sagte ihm: „Sieh zu, daß du deine Sache nicht für gar zu gerecht ausgibst und dich nur selbst rechtfertigen willst, während du deinen Bruder tadelst. Wer weiß, vielleicht hat Gott deshalb sein Herz verhärtet, daß er dir nicht öffnet. Doch rate ich dir: wenn er auch gegen dich gefehlt hat, stelle dir in deinem Herzen vor, du habest gegen ihn gesündigt und rechtfertige deinen Bruder, und sicher gibt ihm dann Gott ein, mit dir in Eintracht zu sein." . . . „Das ist das Heil des Menschen und das ist der Wille Gottes: daß der Mensch seine Schuld vor Gott bekenne." Als der Bruder das hörte, tat er nach dem Wort des Greises, ging hin und klopfte an die Tür des Bruders. Und dieser hatte ihn kaum gesehen, da bat er schon zuvor ihn um Vergebung, öffnete sofort die Tür und beide küßten sich gegenseitig von Herzen und zwischen beiden bestand von da an großer Friede.[23]

Vergeben können wir erst dann, wenn wir die eigene Schuld erkannt und vor Gott bekannt haben. Wenn wir dagegen meinen, nur der andere sei schuld, dann wird unsere Vergebung zu einer Anklage des andern, und wir dürfen uns nicht wundern, wenn sie der andere ablehnt. Es ist nicht seine Verstocktheit, sondern unser Hochmut, der die Annahme der Vergebung verhindert.

Was sollen wir aber tun, wenn wir die Kraft zum Verzeihen nicht aufbringen? Wir sind oft zu sehr verletzt und unsre Gefühle sind zu sehr aufgewühlt, als daß wir verzeihen oder unsre Gegner gar lieben könnten. Ist es nicht unmenschlich und auch unrealistisch, in einer solchen Situation Liebe zu fordern? Benedikt gibt dazu einen Hinweis, der in solchen Situationen hilfreich sein kann. Er sagt, wir sollten jene, die uns fluchen, nicht wieder verfluchen, sondern segnen, und in der Liebe zu Christus für unsre Feinde beten. Auch das kann uns schwer genug werden, aber man kann hier mit kleinen Schritten beginnen: mit einem Segenswunsch oder mit einem wohlwollenden Wort des Gebetes für den, der uns verletzt hat. Wir beginnen, vielleicht noch sehr zaghaft, die Liebe Christi in diese verwundete Situation einzulassen. Wir geben nicht nur unsrem Ärger Raum, sondern auch dem Segen und dem Frieden Christi. Wo ich für den andern zu beten beginne, wird der Groll langsam abnehmen und die Wunde zu heilen beginnen. Aus dieser Erfahrung heraus sagt Evagrius Ponticus, einer der bedeutendsten Mönchsväter des 4. Jahrhunderts: „Wer für seine Feinde betet, kann nicht rachsüchtig sein."[24]

Und in unserem Jahrhundert sprach Dietrich Bonhoeffer genau dieselbe Erfahrung aus:

Eine christliche Gemeinschaft lebt aus der vergebenden Fürbitte der Glieder füreinander oder sie geht zu Grunde. Einen Bruder, für den ich bete, kann ich bei aller Not, die er mir macht, nicht mehr verurteilen oder hassen. Sein Angesicht, das mir vielleicht fremd und unerträglich war, verwandelt sich in der Fürbitte in das Antlitz des Bruders, um dessentwillen Christus starb . . . Es gibt keine Abneigung, keine persönliche Spannung oder Entzweiung, die nicht in der Fürbitte, was uns betrifft, überwunden werden könnte. Die Fürbitte ist das Läuterungsbad, in das der einzelne und die Gemeinschaft täglich hinein müssen.[25]

Wer diesen Weg des Gebetes zu gehen bereit ist, wird erfahren, daß so der Groll im Herzen abnimmt, die eigenen Wunden heilen und Verzeihung möglich wird. Er wird auch erfahren, daß Feindesliebe keine welt- und wirklichkeitsfremde Forderung ist, sondern auf dem Weg verzeihenden Betens wenigstens anfanghaft möglich werden kann. Durch das Verzeihen findet der Mensch auch in eine neue Weite und Freiheit, die in seinem Groll vorher versperrt und blockiert war.

Auf ein geradezu heroisches Beispiel selbstlosen Verzeihens verweist Metropolit Anthony. Ein Mann, der vier Jahre im Konzentrationslager Buchenwald zugebracht hatte, berichtete, seine eigenen Leiden seien nichts gewesen im Vergleich mit dem schneidenden Schmerz, den er um dieser armen Deutschen willen empfunden habe, die so grausam sein konnten; der Gedanke an ihren Seelenzustand habe ihm keine Ruhe gelassen . . . Diejenigen, die litten, waren auf der Seite Christi, die anderen, die grausam waren, standen dort nicht.

Und der Autor fügt dann erläuternd hinzu:

Ein Mensch, der das Martyrium als Christ erleidet, und dessen Liebe nicht durch die Leiden ausgelöscht wird, erlangt eine unbegrenzte Macht der Vergebung über seinen Peiniger. Dies gilt auch für das alltägliche Leben.

Und weiter berichtet er von Menschen, die dafür beten,

daß jedem einzelnen Sünder durch das Gebet dessen, dem er Böses getan hat, vergeben werde. Diese Übung ist ein guter Weg, den Geist der Liebe zu verbreiten.[26]

b) Danken

Eine Beobachtung scheint hier noch wichtig zu sein. Benedikt sagt, es solle ein Gebet des Segnens sein, bzw. man solle in Liebe für seine Feinde beten. Das bedeutet doch wohl, daß man für das Heil und Wohl des andern beten soll. Deshalb wäre es wohl nicht genug, nur zu beten, daß der andere sich bekehrt und mich dann in Ruhe läßt. In Liebe beten heißt immer, selbstlos beten, d. h. für das Heil und den Segen des andern beten, unabhängig davon, ob ich dadurch einen Nutzen habe oder nicht.

Wenn so durch mein Bemühen um Liebe und Verzeihen die Atmosphäre teilweise entgiftet ist, kann sich vielleicht auch beim anderen etwas ändern. Gerade wo die Situation sehr verhärtet ist, kann sie ja niemals mit Gewalt, sondern nur mit selbstloser Liebe aufgelockert werden. Der

Geist selbstlosen Verzeihens kann die Kraft der Liebe bis zum Äußersten herausfordern, aber sie ist auch eines der wirksamsten Mittel, um die zwischenmenschliche Atmosphäre ständig zu reinigen und den Geist der Liebe zu stärken.

Eine Form des selbstlosen Gebetes für den Bruder ist das Danken. Die charismatische Bewegung hat heute neu entdeckt, wie wichtig es ist, daß wir Gott füreinander danken, daß wir ihm gerade auch für Menschen danken, die uns auf die Nerven gehen, die uns Böses tun, daß wir für unsere Feinde danken. Wenn wir Gott für einen Menschen danken, der uns innerlich aufreibt, dann bekennen wir, daß Gott mit diesem Menschen einen positiven Plan für uns hat, daß er uns durch ihn etwas sagen will. In der Mönchsliteratur wird immer wieder das Beispiel Davids angeführt. Als Schimi den König verfluchte und mit Steinen nach ihm warf, wollte Abischaj ihm den Kopf abschlagen. Doch David verwehrte es ihm:

Wenn er flucht und wenn der Herr ihm das befiehlt: „Verfluche David", wer kann ihm dann sagen: „Warum handelst du so" . . . Laß ihn zufrieden! Er mag fluchen, denn der Herr hat es ihm aufgetragen. (2. Sam 16,10 f)

Wenn wir glauben können, daß Gott auch durch den Feind uns etwas sagen will, dann begegnen wir dem Feind auf einer Ebene, die die Feindschaft übersteigt. Es ist nicht die Ebene, auf der es um Sieg oder Niederlage geht, sondern eine Ebene, auf der Gottes Plan und Gottes Wille für uns in den Menschen sichtbar werden, die uns als Feinde begegnen. Für David war es wichtig, die Fluchworte gegen sich gelten zu lassen. Sie führten ihn zu tieferer Selbsterkenntnis vor Gott, als das Lobeshymnen getan hätten. David demütigte sich vor Gott und öffnete sich seinem Willen. Und Gott belohnte sein Verhalten mit dem Sieg über Absalom.

Eine ähnliche Erfahrung spricht Benedikt im 7. Kapitel an. Bei der Beschreibung der 4. Stufe der Demut führt er aus, daß man auch bei der Erfahrung von Unrecht die Geduld bewahren solle. Und als Begründung zitiert er Ps 27,14: „Es erstarke dein Herz und ertrage den Herrn!" Im Bruder, der mir Unrecht tut, soll ich also den Herrn selbst ertragen. Das scheint ein Widerspruch zu sein. Fügt mir Christus selbst das Unrecht zu? Zumindest scheint Benedikt hier der Meinung zu sein, daß die Erfahrung des Unrechts etwas mit Christus zu tun hat. Christus mutet es mir zu. Im ungerechten Mitbruder begegne ich Christus und zwar nicht als dem Helfer, sondern als dem, der mich auf die Probe stellt, um mich bewährt zu machen. Benedikt zitiert in diesem Zusammenhang noch eine andere Psalmstelle: „Du hast uns geprüft, o Gott, du hast uns im Feuer erprobt, wie Silber im Feuer erprobt wird." (Ps 66,10) Christus selbst handelt an uns durch den uns drangsalierenden Mitbruder. Christus stellt uns auf die Probe. Und es käme darauf an, daß wir uns dieser Probe stellen und sie bestehen. Für Benedikt ist der Sieg in dieser Probe nur in und durch Christus möglich: „In all dem bleiben wir Sieger durch den, der uns geliebt hat." (Röm 8,37). Der Mönch, so sagt Benedikt, soll sich über diese Erfahrung freuen. Offensichtlich soll er Gott danken, daß er ihn im ungerechten Mitbruder auf die Probe stellt und ihm darin einen Weg zum Leben erschließt.

Das Danken für den Mitmenschen ist nicht bloß für uns eine Hilfe, den andern lieben zu lernen, es ist vielmehr auch ein Segen für den andern. Die Erfahrung zeigt, daß schwierige, ja feindselige Mitmenschen sich positiv verändern können, wenn man anfängt, für sie zu danken. Wenn wir auf ihre Feindseligkeiten, auf ihre Sticheleien und Aggressionen selber aggressiv reagieren, so entsteht ein heilloses Durcheinander. Die Beziehungen werden hoffnungslos verfahren. Und es geht nur noch darum, wer mit seinen Sticheleien die Oberhand gewinnt und Sieger bleibt. Im Danken verlassen wir die Ebene von Sieg und Niederlage, die Ebene, auf der Aggression mit Aggression, Ablehnung mit Ablehnung beantwortet wird. Wenn ich Gott für einen andern danke, dann verzichte ich darauf, auf seine negativen Verhaltensweisen negativ zu reagieren. Im Danken nehme ich den andern an, so wie er ist, ich danke Gott, daß dieser Mensch da ist und daß er so ist, wie er ist. Ich will ihn nicht ändern, sondern ich danke, daß es diesen Menschen gibt, daß Gott ihn geschaffen hat, und daß er ihn so geschaffen hat, wie er ist.

Wenn ich den andern im Danken annehme, so ermögliche ich es ihm, nun sich selbst anzunehmen. Denn oft ist er ja nur deswegen zu mir so stachelig und feindselig, weil er sich selbst nicht annehmen kann, weil er seine Fehler und Schwächen auf mich projiziert und sie bei mir bekämpft. Feindschaft entsteht ja zumeist aus der Projektion der eigenen Schattenseiten in den andern. Letztlich bekämpft man immer sich selber im andern. Das Danken ermöglicht es dem andern, seine Projektion zurückzunehmen. Wenn er sich angenommen fühlt, kann er sich nun selbst mit seinen Schattenseiten annehmen und braucht sie nicht mehr in mir zu bekämpfen.

Das gilt jedoch auch für uns selbst. Wir können den Feind, der uns von außen begegnet, nur lieben, wenn wir den Feind in uns lieben. Das betont C. G. Jung immer wieder. So schreibt er einmal:

Daß ich den Bettler bewirte, daß ich dem Beleidiger vergebe, daß ich den Feind sogar liebe im Namen Christi, ist unzweifelhaft hohe Tugend. Was ich dem Geringsten unter meinen Brüdern tue, das habe ich Christo getan. Wenn ich nun aber entdecken sollte, daß der Geringste von allen, der Ärmste aller Bettler, der Frechste aller Beleidiger, ja der Feind selber in mir ist, ja daß ich selber des Almosens meiner Güte bedarf, daß ich mir selber der zu liebende Feind bin, was dann? Dann dreht sich in der Regel die ganze christliche Wahrheit um, dann gibt es keine Liebe und Geduld mehr, dann sagen wir zum Bruder in uns Racha, dann verurteilen wir und wüten gegen uns selbst. Nach außen verbergen wir es, wir leugnen es ab, diesem Geringsten in uns je begegnet zu sein, und sollte Gott selber es sein, der in solch verächtlicher Gestalt an uns herantritt, so hätten wir ihn tausendmal verleugnet, noch ehe überhaupt ein Hahn gekräht hätte.[27]

In Christus die Feinde lieben, bedeutet also, daß wir zuerst den Feind in uns lieben, den Gott uns zugemutet hat, mit dem uns aber Christus in seinem Tod am Kreuz versöhnt hat, da er die größten Gegensätze in sich vereinigte, die es gibt: Gott und das Böse, Gott und die Sünde. Wer sich von Christi Kreuz mit sich und seinem Schatten, mit dem Feind im eigenen Innern aussöhnen ließ, der kann auch den Feind lieben, der ihm im Mitmenschen begegnet. Er läßt sich vom äußeren Feind an den inneren erinnern und versucht, ihn anzunehmen und zu lieben, nicht aus eigener Kraft, sondern in der Kraft der versöhnenden Liebe Christi, die uns mit uns selbst versöhnt hat.

c) Heilen

Es geht in der Feindesliebe nicht darum, daß wir uns besser vorkommen als die andern, die wir als unsere Feinde bezeichnen. Das wäre eine Liebe von oben herab, die den andern in Wirklichkeit verurteilt und richtet. Wir würden unsere Liebe dann als eine Wohltat betrachten, mit der wir den andern aus unserer großen Barmherzigkeit und Langmut heraus beschenken. Wenn der andere diese Liebe ablehnt, fühlen wir uns entweder gekränkt oder aber noch mehr im Recht mit unserer Verurteilung.

Ein weiteres Mißverständnis der Feindesliebe besteht darin, daß wir meinen, wir könnten sie uns aus eigener Kraft abringen. Wir bräuchten bloß Christi Gebot mit letzter Konsequenz erfüllen. Doch man macht allzuoft bei besonders frommen Leuten, die vorgeben, ihre Feinde zu lieben, die Erfahrung, daß sie aggressiv, kalt, hartherzig und irgendwie unmenschlich erscheinen. Wenn wir uns fest vornehmen, wir müssen zu allen Menschen freundlich sein, weil Christus es so sagt, dann müssen wir all unsere negativen Gefühle, die eben auch in uns sind, verdrängen. Und unter dem Deckmantel christlicher Nächstenliebe wühlen die verdrängten Gefühle weiter und zeigen sich in schlechter Laune, Gefühlskälte, Empfindlichkeit und pharisäischer Hartherzigkeit. Vor lauter Tugendhaftigkeit merken wir gar nicht, wie wir von unseren Affekten zum Narren gehalten werden. C. G. Jung spricht von den „bekannten schlechten Launen und der Reizbarkeit der allzu Tugendhaften"[28]. Die Feindesliebe eines „Tugendhaften" vermag den Feind nicht für sich zu gewinnen, sondern wird in ihm nur weitere Aggressionen erzeugen, weil ihm soviel Tugend verdächtig vorkommt und er die dahinter verborgen liegende Ablehnung spürt. Wie ist dann überhaupt Feindesliebe möglich? Wir können den Feind nur dann so lieben, wie Christus es von uns verlangt, wenn wir uns selbst von Christi Liebe erfassen und umwandeln lassen und wenn wir für Christi Liebe durchlässig werden.

Es geht in der Feindesliebe darum, daß wir Gottes Liebe in uns einlassen und Gottes Liebe durch uns zu den Menschen strömen lassen. Eine solche Liebe kann den Feind heilen. Wer versucht, für Gottes Liebe durchlässig zu werden, der muß erst einmal ganz selbstlos werden. Er muß seinen Dünkel aufgeben, als ob er etwas Großes täte. Er muß sich erst einmal für Gottes Liebe öffnen, sich von ihr beschenken lassen, demütig anerkennen, daß er selbst zur Liebe unfähig ist. Wir können den Feind erst lieben, wenn Gottes Liebe uns durchdrungen und umgewandelt hat. Für Starez Siluan ist die Feindesliebe ein Zeichen dafür, ob Gottes Gnade und Gottes Liebe in uns ist und ob wir verstanden haben, was Gottes Liebe ist. Der Starez bekennt immer wieder, daß Gott selbst uns zu dieser Liebe führen muß, indem er uns seinen Heiligen Geist schenkt. Es ist eine Liebe, die wir uns nicht als Tugend abringen, sondern eine Liebe, die aus der Erfahrung von Gottes überwältigender Liebe zu allen Menschen erwächst. Ein paar Sätze von Starez Siluan sollen das verdeutlichen:

Wer seine Feinde nicht liebt, wird die Süßigkeit des Heiligen Geistes nicht kosten. Denn der Herr selbst lehrt uns, unsere Feinde zu lieben, mit ihnen zu fühlen und zu leiden wie mit unseren eigenen Kindern.

Wenn du über andere abfällig denkst, so zeigt das, daß ein böser Geist in dir ist; er ist es, der dir die bösen Gedanken über deine Mitmenschen einflößt . . . Der Herr will, daß wir unseren Nächsten lieben. Und wenn du bedenkst, daß der Herr ihn liebt, so weißt du, daß seine Liebe auch mit dir ist. Wer mit allen Geschöpfen Mitleid hat und auch seine Feinde liebt, sich selbst aber als den Geringsten ansieht, mit dem ist die Gnade des Heiligen Geistes.

Der Herr lehrte mich, meine Feinde zu lieben. Ohne Gnade können wir unsere Feinde nicht lieben; wer aber diese Liebe durch den Heiligen Geist gelernt hat, der vermag sogar die bösen Geister zu bemitleiden, weil sie vom Guten abgefallen sind und die Demut und Liebe Gottes verloren haben. Ich bitte euch, Brüder, versucht es doch. Wenn euch jemand beleidigt, euch verleumdet oder etwas fortnimmt, was euch gehört, ja selbst wenn er ein Verfolger der Kirche ist – betet zu Gott und sprecht: „Herr, wir sind alle deine Geschöpfe, erbarme dich deiner Knechte und lenke ihre Herzen zur Buße", dann wirst du die Gnade in deiner Seele spüren. Gewiß, zu Anfang mußt du dich zwingen, deine Feinde zu lieben, doch wird dir der Herr, der deinen guten Willen sieht, in allem helfen, und die Erfahrung selbst wird dir den Weg zeigen. Wer aber Böses wider seine Feinde ersinnt, der kann keine Liebe haben, er wird Gott nicht erkennen.[29]

Wenn wir uns für Gottes Liebe öffnen und seine Liebe weiterschenken würden, dann würde der andere in dieser Liebe heil. Von uns würde eine heilende Ausstrahlung ausgehen, weil Gottes Geist selbst durch uns strömen könnte. Jeder Mensch hat eine eigene Ausstrahlung. Bei manchen wird es einem ganz kalt, wenn man in ihre Nähe kommt, bei andern fühlt man sich wohl, es geht Frieden aus, man erfährt, daß es einem besser geht, daß man freier atmen kann, daß man ohne Maske in ihrer Nähe leben kann, daß man angenommen, geliebt ist. In solch einer Atmosphäre kann man heil werden. Wir sind für die Atmosphäre, die wir verbreiten, verantwortlich. Ob wir eine positive oder negative Ausstrahlung haben, hängt nicht bloß von unserem Temperament und unserer Veranlagung ab, sondern davon, wie weit wir uns für Gottes heilende Liebe geöffnet haben. Von Gottes Liebe umfangen kann der andere sich mit sich versöhnen und so geheilt werden. Wir sind verantwortlich, daß Menschen in unserer Umgebung nicht krank gemacht, sondern geheilt werden. So schärft

Benedikt dem Abt ein, er solle wissen, daß es der Sorge des Hirten obliege, in den Schafen etwas Nützliches zu finden (2,16 f). Durch uns, bzw. durch Gottes Liebe, die durch uns unsere Feinde erreicht, soll das Positive in ihnen zur Entfaltung kommen, sollen ihre Wunden und Verwundungen heilen.

Wie die positive Ausstrahlung eines Menschen andere zu heilen vermag, das zeigen die beiden Mönchsväter Makarius und Antonius:

Man erzählte vom Altvater Makarios dem Großen, daß er, wie es in der Schrift heißt, ein Gott auf Erden war (Ps 82,6); denn wie Gott die Welt schützend deckt, so bedeckte Altvater Makarios die Schwächen, die er sah, als sähe er sie nicht, und was er hörte, als hörte er es nicht.[30]

Und in der Lebensbeschreibung des Antonius lesen wir:

In der Tat, er war wie ein Arzt, den Gott dem Lande Ägypten geschenkt hatte. Denn wer kam traurig zu ihm und kehrte nicht voll Freude heim? Wer kam weinend wegen seiner Verstorbenen und vergaß nicht sogleich sein Leid? Wer kam im Zorn, ohne daß er zur Freundschaft umgestimmt wurde? Wer kam arm und mutlos und verachtete nicht, nachdem er ihn gehört und gesehen, den Reichtum und tröstete sich in seiner Armut? Wenn ein Mönch nachlässig gewesen war und zu ihm ging, wurde der nicht noch ausdauernder? Welcher junge Mensch kam auf den Berg und verleugnete nicht sogleich, nachdem er den Antonius gesehen, die Vergnügungen und liebte die Mäßigung? Wer kam zu ihm, der von einem Dämon geplagt wurde, ohne daß er Ruhe fand? Wer ging von Zweifeln gepeinigt und wurde nicht ruhig in seiner Seele?[31]

Das sind Beispiele von Heiligen, deren Liebe stark genug war, Menschen zu heilen. Die heilende Ausstrahlung war ihnen nicht angeboren, sondern das Ergebnis eines langen und intensiven Kampfes mit sich selbst und einer harten

Auseinandersetzung mit den eigenen Fehlhaltungen. Sie müssen viel gebetet haben, bis sie für Gottes Liebe so durchlässig waren, daß andere daran gesund wurden. Das hohe Ideal der Heiligen darf uns jedoch nicht zur Entschuldigung dienen, daß wir uns gar nicht auf den Weg der heilenden Liebe zu machen bräuchten. Die Mönchsväter weisen auch uns einen Weg, sie zeigen auch uns die Richtung an, in die wir gehen sollten. Es wird allerdings viel Geduld kosten, diesen Weg zu gehen, vor allem dann, wenn sich trotz unserer Versuche, zu lieben, um uns herum nichts ändert, die Mitmenschen nicht heiler, sondern eher unheiler zu werden scheinen. Der Weg der Liebe, wie ihn Makarius und Antonius gegangen sind, geht über die Änderung des eigenen Herzens. Es muß zuerst viel in uns selber geheilt werden, bis wir fähig werden, so selbstlos zu lieben, daß unsere Liebe andere zu heilen vermag.

SCHLUSS

Diese Form der Mitmenschlichkeit, wie sie hier im Anschluß an die Benediktsregel und an neuere Erfahrungen dargelegt wurde, begnügt sich nicht mit einem äußerlichen Helfen und Gutestun. Sie fordert zunächst einmal die eigene Bekehrung, die Läuterung des eigenen Herzens von allen egoistischen Bestrebungen. Das Siegel der Echtheit erhält diese Nächstenliebe dort, wo sie sich nicht nur auf sympathische und dankbare Menschen beschränkt, sondern wo sie auch die unsympathischen, lästigen und undankbaren Menschen mit einschließt und sogar jenen die verzeihende Liebe nicht vorenthält, die einem Unrecht getan haben oder feindselig gesinnt sind. Echte Liebe fordert, daß man nicht am Äußeren hängenbleibt, sondern den Menschen in jener Tiefe zu lieben sucht, wo er nichts braucht als Liebe und wo man in ihm an das Geheimnis der Menschwerdung und der Liebe Christi selber rührt.

Anmerkungen

1 J. Loew, Christusmeditationen, Freiburg ^{4}1973, 30.

2 Die Regel von Taizé, Gütersloh ^{2}1963, 25.

3 Vgl. H. Mühlen, Einübung in die christliche Grunderfahrung I, Mainz ^{3}1977, 190 ff.

4 Les sentences des pères du désert, nouveau recueil hrsg. v. L. Regnault (= II), Solesmes ^{2}1977, 240, Bu II 362.

5 Apophthegma 1077, in: Weisung der Väter, übers. v. B. Miller, Freiburg 1965.

6 Les sentences II, 128, N 592/58.

7 Ebd. 126, N 592/50.

8 Ebd. 80, N 490 A.

9 Les sentences des pères du désert, troisième recueil, hrsg. v. L. Regnault, Solesmes 1976 (= III), 98, XVI 17.

10 Dorotheus von Gaza, Geistliche Gespräche, übers. v. B. Hermann, Kevelaer 1928, 108.

11 Metropolit Anthony, Christus begegnen, Freiburg 1975, 16.

12 H. Hesse, Demian, in: Ges. Schriften 3, Zürich 1968, 206.

13 Les sentences II 308, Eth Coll 13, 80.

14 Starez Siluan. Mönch vom heiligen Berg Athos. Leben-Lehre-Schriften, hrsg. v. Archimandrit Sophronius, Düsseldorf 1959, 284.

15 Das Jesusgebet, hrsg. v. E. Jungclausen, Regensburg 1976, 48 f.

16 Les sentences II 143, Bu II 400.

17 Apophthegma 492.

18 Ebd. 257.

19 Les sentences II 224, Bu I 395.

20 Apophthegma 1171.

21 Metropolit Anthony, Lebendiges Beten, Freiburg 1976, 34 f.

22 Ebd. 40.

23 Apophthegma 1086.

24 Zitiert bei H. J. M. Nouwen, Ich hörte auf die Stille, Freiburg [3]1979, 56.

25 Zitiert bei B. Albrecht, Freude an der geistlichen Gemeinschaft, Meitingen [4]1979, 27.

26 Metropolit Anthony, Lebendiges Beten, 18 f.

27 C. G. Jung, Ges. Werke, 11. Bd., Zürich 1963, 367 f.

28 C. G. Jung, Ges. Werke, 16. Bd. Zürich 1958, 62.

29 Starez Siluan, 226, 256, 288 f.

30 Apophthegma 485.

31 Athanasius, Leben des hl. Antonius, übers. v. H. Mertel, Kempten 1917, 770 f.

MÜNSTERSCHWARZACHER KLEINSCHRIFTEN
Schriften zum geistlichen Leben

1	A. Grün OSB, **Gebet und Selbsterkenntnis**	(1979)	56 S.	DM 4,80
2	B. Doppelfeld OSB, **Der Weg zu seinem Zelt**	(1979)	64 S.	DM 5,40
3	F. Ruppert OSB/A. Grün OSB, **Christus im Bruder**	(1979)	56 S.	DM 4,80
4	P. Hugger OSB, **Meine Seele, preise den Herrn**	(1979)	84 S.	DM 7,40
5	A. Louf OCSO, **Demut und Gehorsam**	(1979)	55 S.	DM 4,80
6	A. Grün OSB, **Der Umgang mit dem Bösen**	(1980)	84 S.	DM 7,40
7	A. Grün OSB, **Benedikt von Nursia – Seine Botschaft heute**	(1979)	60 S.	DM 5,20
8	P. Hugger OSB, **Ein Psalmenlied dem Herrn,** Teil 1	(1980)	72 S.	DM 6,80
9	P. Hugger OSB, **Ein Psalmenlied dem Herrn,** Teil 2	(1980)	80 S.	DM 7,60
10	P. Hugger OSB, **Ein Psalmenlied dem Herrn,** Teil 3	(1980)	80 S.	DM 7,60
11	A. Grün OSB, **Der Anspruch des Schweigens**	(1980)	72 S.	DM 6,80
12	B. Schellenberger OCSO, **Einübung ins Spielen**	(1980)	52 S.	DM 4,80
13	A. Grün OSB, **Lebensmitte als geistliche Aufgabe**	(1980)	60 S.	DM 5,60
14	B. Doppelfeld OSB, **Höre, nimm an, erfülle**	(1981)	68 S.	DM 6,80
15	E. Friedmann OSB, **Mönche mitten in der Welt**	(1981)	76 S.	DM 7,80
16	A. Grün OSB, **Sehnsucht nach Gott**	(1982)	64 S.	DM 6,40
17	F. Ruppert OSB/A. Grün OSB, **Bete und arbeite**	(1982)	80 S.	DM 7,80
18	J. Lafrance, **Der Schrei des Gebetes**	(1983)	62 S.	DM 6,40
19	A. Grün OSB, **Einreden,** Der Umgang mit den Gedanken	(1983)	78 S.	DM 7,80
20	R.-N. Visseaux, **Beten nach dem Evangelium**	(1983)	68 S.	DM 7,20
21	J. Main, **Meditieren mit den Vätern**	(1983)	56 S.	DM 5,40
22	A. Grün OSB, **Auf dem Wege,** Zu einer Theologie des Wanderns	(1983)	72 S.	DM 7,40
23	A. Grün OSB, **Fasten – Beten mit Leib und Seele**	(1984)	76 S.	DM 7,60
24	G. Kreppold OFMCap, **Heilige**	(1984)	80 S.	DM 7,80
25	G. Kreppold OFMCap, **Die Bibel als Heilungsbuch**	(1985)	80 S.	DM 7,80
26	A. Louf/M.Dufner, **Geistliche Vaterschaft**	(1984)	48 S.	DM 5,20
27	B. Doppelfeld OSB, **Die Jünger sind wir**	(1985)	64 S.	DM 6,80
28	M. W. Schmidt OSB, **Christus finden in den Menschen**	(1985)	44 S.	DM 4,80
29	A. Grün OSB/M. Reepen OSB, **Heilendes Kirchenjahr**	(1985)	84 S.	DM 7,80
30	F.-X. Durrwell, **Eucharistie – das österl. Sakrament**	(1985)	74 S.	DM 7,40
31	B. Doppelfeld OSB, **Mission**	(1985)	60 S.	DM 6,40
32	A. Grün OSB, **Glauben als Umdeuten**	(1986)	66 S.	DM 6,80
33	A. Louf OCSO/A. Grün OSB, **In brüderlicher Gemeinschaft leben**	(1985)	60 S.	DM 6,40
34	C. de Bar, **Du hast Menschen an meinen Weg gestellt**	(1986)	54 S.	DM 5,60
35	G. Kreppold, **Kranke Bäume – Kranke Seelen**	(1986)	87 S.	DM 7,80
36	A. Grün OSB, **Einswerden – Der Weg des hl. Benedikt**	(1986)	80 S.	DM 8,80
37	B. Community, **Regel für einen neuen Bruder**	(1986)	48 S.	DM 5,20

38	B. Doppelfeld OSB, **Gemeinsam glauben**	(1986)	60 S.	DM 6,40
39	A. Grün OSB, **Dimensionen des Glaubens**	(1987)	78 S.	DM 8,40
40	B. Jaspert, **Benedikts Botschaft**	(1987)	60 S.	DM 6,40
41	J. Domek OSB, **Gott führt uns hinaus ins Weite**	(1987)	68 S.	DM 7,40
42	B. Doppelfeld OSB, **Sie sind ihm begegnet I**	(1987)	64 S.	DM 7,60
43	B. Doppelfeld OSB, **Sie sind ihm begegnet II**	(1987)	64 S.	DM 7,60
44	A. Grün OSB/P. Reitz, **Marienfeste**	(1987)	80 S.	DM 8,40
45	J. Domek OSB, **Segen, Quelle heilender Kraft**	(1988)	76 S.	DM 8,20
46	A. Grün OSB/M. Reepen OSB, **Gebetsgebärden**	(1988)	72 S.	DM 7,80
47	Emmanuela Kohlhaas OSB, **Es singe das Leben**	(1988)	60 S.	DM 6,80
48	R. Rickert OSB, **Kieselsteine**	(1988)	52 S.	DM 6,00
49	Reinhard Abeln/Anton Kner, **Such dir einen Einsamen**	(1988)	44 S.	DM 5,20
50	A. Grün OSB, **Chorgebet und Kontemplation**	(1988)	68 S.	DM 7,40
51	B. Doppelfeld OSB/Elisabeth Stahl OSA, **Mit Maria auf dem Weg des Glaubens**	(1989)	68 S.	DM 7,60
52	A. Grün OSB, **Träume auf dem geistlichen Weg**	(1989)	68 S.	DM 7,80
53	G. Kreppold, **Die Bergpredigt zwischen Innerlichkeit und Utopie** Teil 1: Der Berg der Wandlung	(1989)	88 S.	DM 9,60
54	G. Kreppold, **Die Bergpredigt zwischen Innerlichkeit und Utopie** Teil 2: Handeln aus Freude – die 8 Seligkeiten	(1989)	72 S.	DM 7,80
55	Martin Kämpchen, **Du tanzt im Herzen aller Menschen**	(1989)	52 S.	DM 6,00
56	B. Doppelfeld OSB, **Lebt gemäß eurer Berufung**	(1989)	68 S.	DM 7,40
57	A. Grün OSB/M. Dufner OSB, **Gesundheit als geistliche Aufgabe**	(1989)	108 S.	DM 9,80
58	A. Grün OSB, **Ehelos – des Lebens wegen**	(1989)	86 S.	DM 8,80
59	Dumitru Staniloae, **Gebet und Heiligkeit**	(1990)	46 S.	DM 5,60
60	A. Grün OSB, **Gebet als Begegnung**	(1990)	88 S.	DM 9,80
61	B. Doppelfeld OSB, **Mission als Austausch**	(1990)	68 S.	DM 7,80
62	R. Abeln/A. Kner, **Kein Weg im Leben ist vergebens**	(1990)	52 S.	DM 6,00
63	Robert Faricy/Robert J. Wicks, **Jesus betrachten**	(1990)	40 S.	DM 5,60
64	A. Grün OSB, **Eucharistie und Selbstwerdung**	(1990)	96 S.	DM 9,80
65	B. Doppelfeld OSB, **Ein Gott aller Menschen**	(1991)	80 S.	DM 8,80
66	R. Abeln/A. Kner, **Wie werde ich fertig mit meinem Alter?**	(1992)	76 S.	DM 8,40
67	A. Grün OSB, **Geistliche Begleitung bei den Wüstenvätern**	(1992)	98 S.	DM 9,80
68	A. Grün OSB, **Tiefenpsychologische Schriftauslegung**	(1992)	108 S.	DM 10,80

Weitere Veröffentlichungen in dieser Reihe folgen.

VIER-TÜRME-VERLAG
D-8711 Münsterschwarzach Abtei (09324) 20-292